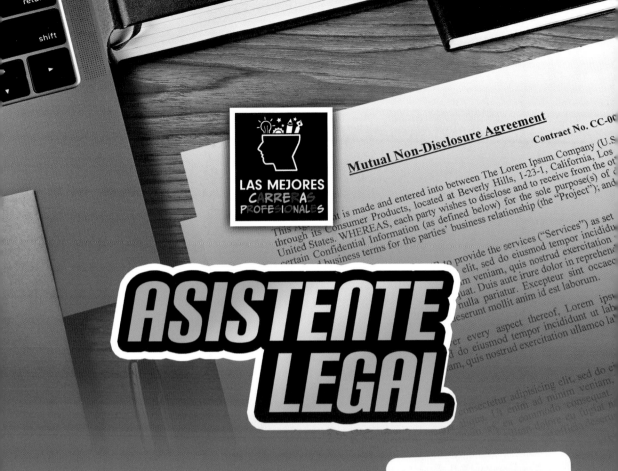

LAS MEJORES
CARRERAS
PROFESIONALES

ASISTENTE LEGAL

Un libro de Las Ramas de Crabtree

Escrito por Kelli Hicks
Traducción de Santiago Ochoa

CRABTREE
Publishing Company
www.crabtreebooks.com

Apoyo escolar para cuidadores y maestros

Este libro de alto interés está diseñado para motivar a los estudiantes dedicados con temas atractivos, mientras desarrollan la fluidez, el vocabulario y el interés por la lectura. A continuación se presentan algunas preguntas y actividades para ayudar al lector a desarrollar sus habilidades de comprensión.

Antes de leer:

- ¿De qué pienso que trata este libro?
- ¿Qué sé sobre este tema?
- ¿Qué quiero aprender sobre este tema?
- ¿Por qué estoy leyendo este libro?

Durante la lectura:

- Me pregunto por qué...
- Tengo curiosidad de saber...
- ¿En qué se parece esto a algo que ya conozco?
- ¿Qué he aprendido hasta ahora?

Después de leer:

- ¿Qué intentaba enseñarme el autor?
- ¿Cuáles son algunos detalles?
- ¿Cómo me ayudaron las fotografías y los pies de foto a entender más?
- Vuelve a leer el libro y busca las palabras del vocabulario.
- ¿Qué preguntas tengo aún?

Actividades de extensión:

- ¿Cuál fue tu parte favorita del libro? Escribe un párrafo sobre ella.
- Haz un dibujo de lo que más te gustó del libro.

ÍNDICE

ES LA LEY

Un abogado es un experto en leyes. Un abogado ayuda a las personas a conocer sus derechos legales.

Los abogados escriben sus argumentos basándose en la ley. A veces comparecen en las cortes para apoyar a sus **clientes**.

UN EQUIPO LEGAL

Los abogados no pueden hacer todo este trabajo solos. Los abogados cuentan con la ayuda de los asistentes legales.

Un asistente legal tiene conocimiento de la ley y trabaja con el abogado para ayudar a **investigar**, organizar y comunicarse con los clientes.

¿Los asistentes legales y los paralegales son lo mismo? Ambos trabajos incluyen tareas similares. Los paralegales suelen tener más formación y también pueden facturar sus horas de trabajo de forma diferente a los asistentes legales.

Muchos **bufetes de abogados** confían en los asistentes legales para que les ayuden a gestionar la gran cantidad de casos que tienen. La mayoría de los asistentes legales trabaja en una oficina de abogados.

Hacen su trabajo con la orientación de un abogado. Los asistentes legales pueden acompañar al abogado a las audiencias en las cortes.

Además de los asistentes legales, muchos bufetes de abogados tienen otros miembros en su equipo. Un secretario legal trabaja en la oficina de abogados y programa las citas, mantiene los expedientes y hace un seguimiento de los documentos.

¿POR DÓNDE EMPIEZO?

Si quieres ser asistente legal, debes tener un diploma de la escuela secundaria. La mayoría de los bufetes de abogados exigen que los asistentes legales tengan el diploma o el **título** requerido para ese trabajo. En muchos lugares, los asistentes legales también deben realizar un examen para obtener su **certificación**.

Algunos bufetes de abogados prefieren que los asistentes legales tengan un título de cuatro años llamado licenciatura.

Algunos enfermeros añaden estudios a sus títulos de enfermería. Estudian para convertirse en paralegales certificados. Se especializan en trabajar con reclamaciones de seguros, casos de lesiones personales y demandas médicas. Utilizan sus conocimientos legales para ayudar a los médicos y enfermeros a entender las leyes relativas a la medicina.

HABILIDADES ESPECIALES

¿Crees que tienes las habilidades necesarias para ser asistente legal? En primer lugar, tienes que ser un gran comunicador. Es importante utilizar las palabras adecuadas para hablar con los clientes y transmitir la información a los abogados de forma **precisa**.

Debes tener buenas habilidades para la informática, además de ser capaz de crear documentos y hacer un seguimiento de la información en la computadora de manera organizada.

Los asistentes legales suelen ayudar a buscar información. Pueden encontrar casos antiguos o **sentencias** anteriores que pueden ayudar en el caso actual.

Los asistentes legales son escritores hábiles y trabajan en la elaboración de contratos. Los asistentes legales pueden redactar documentos, pero el abogado tiene que proporcionar la firma oficial.

¿Tienes concentración y eres capaz de prestar atención a los pequeños detalles? Son habilidades necesarias para ser asistente legal.

Cada día es diferente, así que tienes que ser capaz de **adaptarte** fácilmente y ser flexible. Debes mantener la calma y tener paciencia.

Ser asistente legal tiene muchas ventajas. Puedes obtener un título relativamente rápido sin gastar demasiado dinero.

Los asistentes legales son muy solicitados y hay muchos empleos disponibles.

Además de trabajar en un bufete de abogados, muchas empresas también necesitan asistentes legales. Puedes encontrar trabajo en el sector del entretenimiento, los deportes, la mercadotecnia, la medicina o muchos otros campos.

Los grandes bufetes de abogados pueden tener muchos asistentes legales para gestionar el gran número de casos. Un gerente de paralegales organiza el equipo de asistentes legales y ayuda a gestionar las tareas diarias que surgen. El gerente debe estar certificado y tener al menos cinco años de experiencia.

Aunque muchos asistentes legales trabajan para un bufete o un abogado, algunos son **trabajadores independientes**. Pueden prestar servicios a muchos clientes y mantener un horario flexible.

¡TODO UN RETO!

Esta profesión presenta algunos retos. Los asistentes legales suelen tener que trabajar muchas horas para cumplir con los **plazos de entrega** ajustados.

Cuando se preparan para un juicio, podrían tener que trabajar por la noche o los fines de semana. ¡Esto puede ser estresante! Los asistentes legales también tienen que ser capaces de hacer malabarismos con múltiples tareas o casos a la vez.

¿CUÁNTO GANARÍA?

Ser asistente legal puede ser una profesión gratificante. No solo puedes ayudar a la gente, sino que también puedes ganarte bien la vida.

Tu salario puede verse afectado por el lugar donde vives, tu nivel de experiencia y si trabajas por cuenta propia o para alguien más.

Especialidad	Rango salarial por año en dólares
Asistente legal	$31 000 - $70 000
Paralegal	$31 000 - $71 000
Secretario legal	$30 000 - $80 000
Paralegal corporativo	$46 000 - $94 000
Gerente paralegal	$88 573 - $119 654
Paralegal de enfermería	$70 600 - $90 220

MARCAR LA DIFERENCIA

Los asistentes legales son trabajadores importantes. Pueden ayudar a demostrar la inocencia de una persona o ayudar a garantizar que se respeten los derechos de un individuo.

Pueden ayudar a las personas a resolver sus diferencias y asegurarse de que se cumpla la ley. Un asistente legal utiliza su conocimiento de la ley para defender a los que necesitan ayuda.

Merrell Williams Jr. trabajaba como asistente legal en un bufete de Kentucky. Aportó pruebas de que el tabaco era un producto adictivo y ayudó a lograr un acuerdo de 206 000 millones de dólares contra las principales compañías tabacaleras por ocultar la verdad al público.

Todas las personas necesitan ayuda de vez en cuando y un asistente legal es una persona que puede influir positivamente en la vida de los demás.

Los asistentes legales son miembros valiosos de la comunidad y pueden dar voz a las personas que lo necesitan.

GLOSARIO

adaptarte: Cambiar a causa de una nueva situación.

bufetes de abogados: Negocios o empresas que ejercen la abogacía.

certificación: Un documento oficial que demuestra un logro o una condición.

clientes: Personas que utilizan los servicios de un profesional.

investigar: Estudiar y averiguar sobre un tema.

plazos de entrega: Tiempo en el que se debe terminar un trabajo o labor.

precisa: Que es totalmente correcta.

sentencias: Decisiones tomadas por un juez.

título: Diploma otorgado por una escuela o universidad por haber completado un curso.

trabajadores independientes: Personas que trabajan para sí mismas y no para un empleador; son sus propios jefes.

ÍNDICE ANALÍTICO

SITIOS WEB PARA VISITAR

https://www.thebalancecareers.com/the-8-best-things-about-being-a-paralegal-2164597

https://kids.kiddle.co/Paralegal

https://www.americanbar.org/groups/paralegals/profession-information/educational-information-for-paralegals/

SOBRE LA AUTORA

Kelli Hicks

Kelli Hicks es una profesora y escritora que vive con su familia en Florida. Le encanta ver programas sobre crímenes reales y sobre las cortes. Se esfuerza por cumplir la ley y ser una buena ciudadana.

CRABTREE
Publishing Company

Written by: Kelli Hicks
Designed by: Jennifer Dydyk
Edited by: Tracy Nelson Maurer
Proofreader: Ellen Rodger
Translation to Spanish: Santiago Ochoa
Spanish-language layout and proofread:
Base Tres

Photographs: Cover career logo icon © Trueffelpix, diamond pattern used on cover and throughout book © Aleksandr Andrushkiv, cover photo © Prostock-studio, photo of legal document on cover and title page © Mameraman, Page 4 © Elnur, page 5 top photo © GaudiLab, bottom photo © wavebreakmedia, Page 6 © Blue Planet Studio, Page 7 © Shine Nucha, Page 8 © wavebreakmedia, Page 9 top photo © Evok20, bottom photo © monte_a, Page 10 Matt Benoit, Page 11 top photo © ALPA PROD, bottom photo © Rawpixel.com, Page 12 top photo © fizkes, bottom photo © Golubovy, Page 13 © ZozerEblola, Page 14 top photo © jjphotos, bottom photo © fizkes, Page 15 © smolaw, Page 16 © Syda Productions, Page 17 top photo © fizkes, bottom photo © insta_photos, Page 18 photo © Tatiana Frank, illustrations pages 18 and 19 © Edge Creative, Page 19 photo © fizkes, Page 20 illustrations © Martin Kalimon, photo © adriaticfoto, Page 21 © krakenimages.com, Page 22 top photo © Motortion Films, bottom photo © smolaw, Page 23 © DC Studio, Page 24 © Vitalii Stock, Page 25 © ALPA PROD, Page 26 © ESB Professional, Page 27 top photo © Atstock Productions, bottom photo © Thichaa, Page 28 © Elnur, Page 29 © El Nariz. All images from Shutterstock.com

Library and Archives Canada
Cataloguing in Publication

CIP available at Library and
Archives Canada

Library of Congress Cataloging-in-Publication Data

CIP available at Library of Congress

Crabtree Publishing Company
www.crabtreebooks.com   1-800-387-7650

Printed in the U.S.A./062022/CG20220124

Published in the United States
Crabtree Publishing
347 Fifth Avenue, Suite 1402-145
New York, NY, 10016

Published in Canada
Crabtree Publishing
616 Welland Ave.
St. Catharines, Ontario L2M 5V6